MERLIN D'ESTREUX DE BEAUGRENIER

HERCULE

SOUTENANT LE CIEL,

DESSEIN

DES FEUX D'ARTIFICES

DRESSEZ

POUR L'ARRIVE'E DU ROY

EN SA VILLE

DE VALENCIENNES

Le 5. Aouſt 1 68 o.

PAR LE MAGISTRAT ET CONSEIL.

AU ROY

SIRE

E Soleil ne se montre jamais à la terre, qu'il ne la rem-
plisse de joye: ainsi *VOTRE MAJESTE'*, que le
Monde reconnoit comme un autre Soleil, ne peut honorer
cette Ville de sa presence Royale, sans qu'elle porte par tout
l'allegresse & l'épanoüissement.

Mais, SIRE, quoy que le Soleil soit le tres juste, & le tres fidele portrait de VOTRE MAJESTE' ; ce n'est pas sous cette brillante figure, que nous luy applaudirons aujourd'huy : nos yeux sont trop foibles pour soûtenir de prés les rayons d'un si grand astre : & d'ailleurs cette belle devise, que vos victoires ont portée en mille endroits de la terre, a jusqu'icy épuisé tant de beaux esprits, que nous desesperons avec justice d'y pouvoir rien ajouter de nouveau.

C'est HERCULE, SIRE, que nous avons choisi pour dessein de nos feux, & pour nous exprimer l'image de VOTRE MAJESTE'. C'est le plus fort, & le plus celebre de tous les Heros de la fable, qui representera sans fable, & avec verité le plus grand, le plus valeureux, & le plus triomphant de tous les Monarques du Monde.

Hercule paroîtra soûtenant le Ciel apres le cours de ses travaux heroïques, pour marquer le zele infatigable avec lequel VOTRE MAJESTE' soûtient les interests de Dieu, & de l'Eglise. Ce zele, SIRE, a paru en mille occasions : l'Heresie, & les duels exterminez du Royaume ; tant de puissans secours donnez aux autres Princes contre l'ennemy commun des Chrétiens ; tant d'actions glorieuses faites pour la défence, & pour l'accroissement du Royaume de JESUS-CHRIST, ont fait voir à toute la terre, que vous étes un HERCULE, sur lequel le Ciel de l'Eglise peut sûrement se reposer.

Voila, SIRE le sujet de nos feux & la marque de l'allegresse commune pour l'hûreuse arrivée de VÔTRE MAJESTE'. Nous laissons à d'autres Villes le soin d'étaler avec pompe vos victoires, & vos triomphes, & cette agreable paix que vous venez de redonner encore à l'Europe : VALENCIENNES se borne à un sujet moins guerrier, mais qui ne sera pas moins glorieux à vôtre Nom : & si peut-être il se trouve ailleurs plus d'appareil, nous esperons, qu'on

ne verra nulle part plus de zele, ny plus d'attachement pour le ser-
vice de *VOTRE MAJESTE'*.

Ces feux, *SIRE*, ne font que les étincelles des flammes qui
brûlent nos cœurs pour la gloire, & pour la profperité de vôtre Perfonne facrée. Et il y a cette difference, que les feux que nous dref-
fons aujourd'huy font artificiels, & de peu de durée ; mais ceux qui
font allumez dans nos cœurs n'ont rien qui tienne de l'artifice : ils
font tres finceres, & tres fideles : ils nous brûleront auffi long. tems,
que dureront nos vies, & nous porteront à publier toûjours hautement
que nous fommes avec un tres profond refpect.

SIRE

DE VOTRE MAJESTE'.

Les tres-humbles, tres-obeiffans & tres-fideles
Sujets & Serviteurs Les Prevôt, Iurez,
Echevins , & Confeil de la Ville de Va-
lenciennes.

HERCVLI CHRISTIANISSIMO
P.D.M.

HERCULE

SOUTENANT LE CIEL

SYMBOLE HEROIQUE

DU ROY.

EXPLICATION.

L A penſée *d'Hercule ſoûtenant le Ciel*, a quelque choſe de grand, & qui pourra contenter la veuë : mais elle eſt bien plus propre pour l'artifice des feux, que pour celuy de la Poëſie, & il y aura ſans doute moins de plaiſir à la voir étalée ſur le papier, qu'à la conſiderer executée dans une belle machine, dont les feux n'auront rien qui ne ſoit agreable, & ſurprenant. Ce deſſein eſt du choix de Monſieur de Montevechio Lieutenant au Regiment Royal Italien : qui l'a trouvé commode pour ſes feux artificiels, & qui ſçait bien qu'il ne faloit pas avoir recours aux inventions de la Poëſie pour faire les Eloges de nôtre invincible Monarque.

La figure d'Hercule, laquelle ſera placée au bout de la grand' place de la Ville , aura environ 20. pieds de hauteur. Elle ſera grande, parce qu'elle doit faire l'Image d'un grand Roy, dont pourtant elle ne repreſentera jamais aſſez bien la grandeur.

Hercule a la contenance d'un homme, qui prend plaiſir à porter ſa charge quoy que tres-peſante. Auſſi la Fable nous apprend que ce robuſte Heros la porta tres-aiſément.

C'eſt par cette poſture libre & dégagée que l'on reconnoîtra le plaiſir que SA MAJESTE' prend a ſoûtenir le fardeau des intereſts de l'Egliſe , & que l'on verra que ſon Fils ainé en fait ſon plus glorieux employ.

La maſſuë & la peau de Lion ſont poſées negligemment au pied de la ſtatuë d'Hercule. Cela veut dire, que le Roy abandonne même les ſoins & les marques de ſes victoires, quand il s'agit de porter la querelle de JESUS-CHRIST.

Le Ciel qui repoſe ſur les épaules d'Hercule eſt la figure de l'Egliſe; le Zodiaque repréſente la Hierarchie Eccléſiaſtique; les Etoiles qui brillent dans la machine du Ciel, & les feux qui en ſortent artificieuſement de toutes parts, ſont les portraits de tous ces vœux, & de toutes ces ferventes prieres que les peuples ſoûmis à la Monarchie Françoiſe addreſſent continuellement à Dieu pour la gloire & pour la conſervation de SA MAJESTE'. Mais quoy qu'il ne ſoit perſonne dans tout ce floriſſant Royaume, qui ne s'intereſſe à un ſujet ſi ſublime; les habitans de Valenciennes ſont ceux qui y veulent prendre plus de part.

Ce peuple charmé du bonheur qu'il a d'étre ſous la douceur de la domination du ROY, ne ceſſera jamais de faire des vœux au Ciel pour tâcher de la meriter & pour ſe la pouvoir conſerver. Son ardeur eſt en cela ſemblable au feu des Etoiles : c'eſt cependant les Etoiles fixes, qu'il veut imiter dans la conſervation du bien qu'il poſſede, & non pas les errantes.

Pour la gloire des Fleurs de Lis
Les peuples François s'intereſſent :
Mais ce ſont nos peuples conquis
Qui plus que les autres s'empreſſent.

TERRET

COERCENT

Le piedeftal, fur lequel la Statuë d'Hercule repofe, aura quatre
faces : & chaque face portera pour devife quelques armes d'Hercule.

EXPLICATION

DE LA PREMIERE DEVISE.

La premiere face porte la peau de Lion avec ce mot, TERRET.

TOut le monde fçait qu'Hercule, apres avoir étranglé le Lion
de la Foreft de Nemée, voulut aller revétu de la peau de
cét animal, pour marque de fa victoire, & pour porter la terreur
par tout. C'eft la figure du ROY : Quelques charmes & quelque
douceur que l'on trouve dans fa Perfonne Sacrée, fon Nom neán-
moins eft redoutable à toute la terre : mais c'eft particulierement
aux méchans & aux fcelerats qu'il imprime de la terreur. Il fçait
vigoureufement reprimer leur infolence par l'autorité de fes Loix,
& par la prudente rigueur de fa Juftice.

Nous ne prendrons pas icy le paralelle du Lion Belgique
avec celuy de Nemée ; car en cela Hercule eft trop farouche
pour être l'image de SA MAJESTE'. Le Lion Belgique
ne trouve pas fa mort dans fa défaite, comme celuy que défit le
Heros Fabuleux : il y rencontre au contraire fa gloire, fon bonheur & fa vie : & ce n'eft pas pour le dépoüiller que le ROY l'a
vaincu, mais c'eft pour l'enrichir.

Ah ! qu'heureufe eft ta deftinée,
Fameux Lion des Pais - bas !
Tu furpaffe en vigueur le Lion de Nemée :
Et ton HERCULE a plus d'appas,
Plus de force & de renommée,
Que l'Hercule qui fut le compagnon d'Atlas.

B

A la seconde face du piedeftal on voit des chaînes avec ce mot, *COERCENT.*

EXPLICATION

DE LA DEUXIEME DEVISE.

HErcule étant defcendu aux Enfers, en tira un chien à trois têtes nommé Cerbere, & l'emmena enchainé fur la terre.

Les Poëtes difent que ce chien étoit le portier des Enfers.

C'eft icy un Symbole, qui par les chaines dont ce monftre fut lié, marque les Loix & les Ordonnances par lefquelles SA MAJESTE' a arrété la fureur des Duelliftes dans fon Royaume : fes Decrets pleins de prudence & de zele pour la gloire de Dieu, ont bridé ces temeraires, & les ont retenus dans le devoir. Ne peut-on pas dire que les Duelliftes, fi nombreux autre fois en France, étoient des chiens monftreux, qui aimoient à fe mordre & à fe déchirer les uns les autres ? N'étoient-ils pas les funeftes portiers des Enfers, puis qu'ils en ouvroient la porte à eux mêmes par leur fauffe bravoure, & aux autres par leurs pernicieux exemples ? Ce font les Ordonnances & les Edits de SA MAJESTE' qui les tiennent enchainez, & qui repriment leur fanglante manie.

Arrétez vos tranfports, Combattans fanguinaires,
    Puifque nôtre HERCVLE Gaulois
    Par fes arréts, & par fes Loix,
Impofe des liens à vos bras temeraires.

3
PROFLIGAT

4
EXVRIT

La troisiéme face du piedeftal eft chargée d'un flambeau avec ce mot, *EXURIT.*

EXPLICATION
DE LA TROISIEME DEVISE.

CEux qui fçavent que ces devifes font les Figures de nôtre grand Monarque, croiront d'abord que ce flambeau eft celuy de l'amour : & que nous voulons faire comprendre que SA MAIESTE', par la douceur de fon gouvernement, & par les attraits de fes vertus heroïques, porte l'amour des fleurs de Lis dans tous les cœurs de fes fujets. Mais c'eft icy un flambeau de juftice & non pas un flambeau de l'amour : c'eft celuy avec lequel Hercule brûla les têtes renaiffantes de l'Hydre, contre laquelle il avoit employé le fer inutilement.

Empoiffonneurs, j'apperçois dans ce flambeau vôtre defaite par nôtre HERCULE CHRETIEN. Aprés avoir tenté en vain d'autres violens remedes : il a fallu enfin en venir au feu pour vous exterminer d'un Royaume, ou vos fortileges ont été fi long-temps inconnus. La clemence du Roy, dont les plus fcelerats eprouvent des effets, a paru inexorable dans le châtiment de vos defordres. SA MAIESTE' a voulu venger avec fermeté l'outrage que vous faifiez à Dieu : elle a voulu faire connoître à tout le monde, que vous étiez des monftres parmy la nation du monde la plus hofpitaliere & la moins capable de ces fortes d'attentats. Enfin elle a voulu par toute la rigueur du feu vous releguer dans l'horreur es abîmes, d'ou vous étiez fortis.

Horribles monftres de la terre,
Portez vos funeftes poifons
Dans les foûterraines prifons ;
Aux ferpens, aux demons allez faire la guerre.

La quatriéme face du piedeftal a pour fa devife la maffuë d'HERCULE, & ce mot, *PROFLIGAT.*

EXPLICATION
DE LA QUATRIEME DEVISE.

LE mot de la devife convient bien mieux à l'HERCULE TRES-CHRE-TIEN, qu'a celuy de la fable. l'Autheur de ces feux, qui dans tout fon ouvrage confidere nôtre grand Monarque comme foûtenant le Ciel de l'Eglife, nous a voulu fans doute marquer par là les dérou-tes de l'ennemy commun des Chrêtiens par les armes de S A M A-IESTE'. La Hongrie, la Pologne, L'ifle de Candie & la mer me-diterranée ont été les témoins de toutes ces défaites : On a vû dans ces contrées, par un prodige nouveau, le SOLEIL ennemy & victorieux de la LUNE.

Les Poëtes ont crû que la maffuë avec laquelle HERCULE rempor-ta tant de victoires, étoit de bois d'olivier : N'eft-ce pas ce qui nous peint admirablement la nature des armes du ROY ? L'olivier eft le fymbole de la paix; & les armes du ROY font des armes de paix. C'eft un Heros qui ne fait la guerre que pour porter par tout les Olives : il aime mieux s'en couvrir que de Lauriers.

J'aime à faire la guerre,
J'aime à lancer le tonnerre :
Mais mes plus ardens fouhaits
Sont de donner la paix.

4

5

La baſe de la machine ſera ſurmontée de quatre animaux vaincus par Hercule.

L'Hydre, le Cerbere, le Lion, & le Sanglier paroîtront aux quatre coins remplis de crainte & de frayeur : & vomiront avec grand bruit des feux & des flammes juſques à ce qu'ils ſoient reduits en cendre.

Au tour de ſa baſe on verra les travaux d'HERCULE.

LES TRAVAUX D'HERCULE
SYMBOLES HEROIQVES DV ROY.

I.

HERCVLE n'étoit encore qu'au berceau, quand il écraſa de ſes petites mains deux horribles Serpens, que la Deeſſe Junon avoit envoyez pour le dévorer.

Le ROY dés les premieres années de ſon regne a declaré la guerre aux hereſies, & les a heureuſement étouffées. Qui ne ſçait que les hereſies ſont d'étranges Serpens qui ſe gliſſent, & qui ſe coulent par tout, & qui ne buttent qu'à dévorer les Roys & les peuples ?

II.

La ſeconde planche repreſente la victoire d'HERCULE ſur les Centaures : C'étoient des monſtres demi-hommes & demi-chevaux que cét invincible tua ou mit en fuite, les chaſſant de tous les endroits de la Theſſalie qu'ils habitoient auparavant.

Les Centaures étoient des monſtres moins hideux,
    Que tous ces effroyables vices,
Que l'HERCULE CHRETIEN de ſon Royaume heureux
E'carte par ſes loix & ſes iuſtes ſupplices.

III.

HERCULE, qui avoit allié la civilité avec la force, ne pût souffrir l'inhumain Diomede, qui, dans la Thrace ou il commandoit, faisoit dévorer à ses chevaux tous les étrangers qui y abordoient. Il vangea vigoureusement cette inhumanité en sacrifiant le Tyran à la même cruauté.

L'amour des étrangers qui a paru dans le vaillant fils d'Alcmene, est une expression vive de celuy qui embrase le cœur de l'*Incomparable* LOUIS. Ce sont ses charmes : c'est le bruit de son grand Nom qui attire tant d'étrangers dans la Capitale du Royaume : mais aussi ce sont ses Loix & ses Arréts contre les malfaisans ennemis de l'hospitalité, qui les y conservent à l'abry de toute insulte.

Quoy que les étrangers n'aillent à Paris que pour y piller ce qu'il y a de plus poli & de plus honneste, le R O Y neanmoins aime à soutenir & à proteger ces agreables voleurs, & bien loin de les faire dévorer comme Diomede, il souffre qu'ils dévorent eux-mémes tout ce qu'il y a de meilleur dans la France. Faut-t'il s'étonner apres cela si celuy qui cherit ainsi tous les peuples, est reciproquement aimé de tous ? & si tant d'autres nations nous envient nôtre bonheur ?

IV.

Les pommes d'or, que l'avarice de Junon avoit confiées à la garde des Hesperides, & d'un épouvantable Dragon, furent enlevées par HERCULE. Ce Heros haïssoit l'avarice quoy qu'elle fût couverte du manteau d'une Divinité.

Comme Hercule, LOUIS ne souffre point l'avare :
Il en blâme la soif par ses riches faveurs ;
Il n'aime qu'à donner : mais quel prodige rare !
Ainsi donnant il prend nos cœurs.

5

6

V.

La paſſion qu'HERCULE avoit pour Déjanire fut cauſe qu'il dût combattre contre Acheloys, auquel, comme il avoit pris la forme d'un Taureau, HERCULE arracha une corne, & puis il le changea en Fleuve, qui par tout ſon cours alla publier la gloire du vainqueur.

C'eſt une verité, qu'il n'y a point de Fleuve dans l'Europe, qui ne ſoit le témoin des victoires & des grandes actions de nôtre INVINCIBLE MONARQVE & qui avec ſes eaux n'en ait bien avant porté la renommée. Mais l'ESCAVLT eſt celuy de tous les Fleuves qui prend le plus de part à la gloire de nôtre Conquerant. Ses Naïades luy preparent aujourd'huy des bouquets & des couronnes au bruit de mille acclamations pour ſon heureuſe arrivée. Et ſi depuis quelque temps ce Fleuve à paru deſſeché, ce n'a été que par l'ardent deſir de voir ſon Auguſte Prince. Qu'il a de la joye de le contempler à preſent dans toute la pompe de ſa gloire!

> *L'Eſcaut ne veut plus que ſon eau*
> *Avec le feu faſſe la guerre,*
> *Depuis qu'il voit qu'un feu nouveau*
> *Preconiſe LOVIS, & rejoüit la terre.*

VI.

La défaite du Tyran Géryon eſt l'un des plus celebres travaux d'Alcide. La Fable nous apprend que c'étoit un monſtre qui dans trois corps n'avoit qu'une ſeule ame.

O la juſte figure de l'un des plus Illuſtres exploits de nôtre ROY! L'Hereſie eſt ce Géryon que nôtre Alcide a terraſſé : Luther, Calvin & le Ianſeniſme en ſont les trois corps, & l'erreur en eſt l'ame. Ce dangereux monſtre ne vit plus en France : & ſi le troiſiéme corps, apres tant de coups de maſſuë, a voulu nagueres encore ſe remuër, le zele de SA MAIESTE' en a d'abord exterminé les principaux reſtes de vie : & il leur à fait comprendre qu'il ny avoit point d'azile ny de Port pour eux dans un Royaume tres-Chrétien.

> *Luther, le Ianſeniſme, & Calvin ſont trois têtes,*
> *Qui formerent en France un fatal Géryon :*
> *Mais LOVIS ajouta ce monſtre à ſes conquêtes.*
> *Et punit ſa rebellion.*

VII.

HERCVLE pour monftrer le zele qu'il avoit pour la sûreté des voyageurs, maffacra l'infigne voleur Cacus, qui ayant fa retraite dans le
Mont Aventin faifoit des voleries & des meurtres dans tout le Pays
d'alentour.

La fage conduite de SA MAIESTÉ' a retracé dans nos iours ce
fameux travail d'Alcide. Comme elle aime à foutenir les interefts du
Ciel en gardant la iuftice & en protegeant l'innocence, elle a banni de
tout nôtre Pays le vol & le brigandage : on voit fes armées garder
toûjours une difcipline irreprochable : & l'on fçait que c'eft à de iu-
ftes ennemis qu'en veulent les armes de fes foldats, & non pas à de
foibles voyageurs.

VIII.

Enthée fils de la terre, d'une grandeur enorme, ofa bien tenir quelque temps, & fe rebeller contre HERCULE : mais enfin il ceda à fon
bras victorieux, & il en fut étoufé.

Temeraires mutins, avortons de la terre :
Rebelles, qui bravez les thrônes Souverains ;
Contre le Grand LOUIS vos efforts feront vains,
Si vous ofez penfer à luy faire la guerre.

LOUIS fçait tout gagner par l'attrait de l'amour ;
Tôt ou tard il faut s'y rendre :
Et fi l'on veut s'en defendre
LOUIS fçait tout gagner par la force à fon tour.

Toute la machine fera dediée à SA MAIESTÉ', avec ces mots
que le feu rendra vifibles :

HERCULI CHRISTIANISSIMO.

Au bas on lira par ces lettres initiales. P. D. M. *Poft domita mon-*
ftra, & cela s'entendra de la maniere que nous l'avons expliqué.

Fin des travaux d'HERCULE.

LE BON-HEUR

DU PEUPLE DE VALENCIENNES

SOUS LA DOMINATION

DU ROY.

Ce joug, que le Ciel nous impose,
Nous donne tant de gloire & de prosperité,
Qu'il nous fait sentir quelque chose
De plus doux, de plus cher, que n'est la liberté.

EXPLICATION
DE LA DEVISE
DES CYGNES.

SI les Cygnes pouvoient parler, ils diroient sans doute qu'il leur est bien plus avantageux de trainer le char d'une Deesse, ainsi que feignoient les Poëtes, que d'étre abandonnez à eux même. Ainsi le Peuple de VALENCIENNES prefere l'honneur d'étre rangé sous l'obeïssance du plus grand Roy de l'Univers, à tous les charmes de la liberté.

Les CYGNES sont pris des armes de VALENCIENNES dont ils sont les supports.